AF201703

Im Nachthemd tanzen

und andere Geschichten

Im Nachthemd tanzen

und andere Geschichten

Judith Manok-Grundler

Autor: Judith Manok-Grundler
Coverdesign: Bookmundo
ISBN: 9789463423663

Für meine Freundinnen

Ihr wart und seid mir Anregung und Ermutigung!

Danke.

Inhaltsverzeichnis

Vorwort 8

Glockenschlag 9

Dolce fa niente 11

Das Geschenk 14

Die Begegnung 18

Silvesterabend 20

Elvira 22

Sonne und Mimosen 26

Nicht schon wieder 29

Zerbrochen 34

Die Blockflöte 37

Im Nachthemd tanzen 40

Das alte Lichtspielhaus 42

Die Lebensfeier 46

Der Schatz 51

Zu früh 57

Wie sich die Sonne anfühlt 60

Über die Autorin 65

Vorwort

Hoffnung

Wer es kann: Bäume
kahl und tot voll Blüten sehn
lebt aus der Hoffnung.

Dieses Haiku, von mir im Jahr 2012 geschrieben, hat nichts an Aktualität verloren. Die hier vorliegenden Geschichten sind „Hoffnungsgeschichten“. Sie sind voller Zuversicht und Ermutigung.

Ich wünsche mir, dass Sie, liebe Leserin, lieber Leser, nicht nur die Hoffnung in den Geschichten entdecken, sondern auch in Ihrem jeweiligen Leben.

Herzlich

Judith Manok-Grundler

Glockenschlag

Beim ersten Glockenschlag war ich wach. Nein, nicht wach, aufgewacht. Mühsam öffnete ich meine Augen und schaute mich um. Fremde, nur Fremde. Was hatte ich erwartet? Ich war fortgelaufen, unbedacht, nur weg – irgendwohin. Jetzt war ich: irgendwo. Unruhe trieb mich und die Bilder des Kopfkinos bedrückten mich. Ich beschloss, den Bildern, die mir die bittere Trostlosigkeit der vergangenen Wochen zeigten, für den Augenblick keine Beachtung zu schenken, sie kämen schon wieder. Rasch erledigte ich meine Routine. Ich frühstückte, packte mich warm ein und ging los.

Die Luft war kalt, schon bald kroch mir Nebelfeuchte unter die Haut. Zu meinen Füßen Sand, über mir der Himmel, eisgrau, eins mit dem Meer. Und ich darin allein. Wie die Umrisse verschwammen, verschwamm auch ich. Da gab etwas in mir nach und ich zerfloss. Tränen, nichts hielt sie auf. Drückende Stille umgab mich, breitete sich in meinem Kopf aus und fiel durch mich hindurch. Kein Widerhall, nur Leere überall. Niemals zuvor war ich verlassener. Schmerz und Trauer, viel zu lange vergraben, brachen auf, ergriffen von mir Besitz, schalteten mich ab. Einzig die Füße, sie liefen blind. Fuß vor Fuß entstand der Weg. Wie lange ich unterwegs war? Ich weiß es nicht. Die Zeit schrumpfte, verdichtete sich bis nichts mehr war.

Ins Nichts erklang von fern ein Ton. Ich wusste mich nicht gemeint, aber er war hartnäckig, und ich erkannte den Glockenschlag vom

Morgen wieder. Zwölfmal ertönte er, eine Erinnerung. Die Zeit, sie geht. Leise drehte ich mich um.

Während ich ging, den Wind nun im Rücken, fiel in die Leere ein Hauch von Hoffnung. Trost blitzte auf und einen kurzen Moment war es, als fiele alles an seinen Platz. Beruhigter ging ich jetzt selbst; Fuß um Fuß. Nicht mehr fort und irgendwohin, sondern zurück – zurück zu mir. Und wieder von fern ein Glockenschlag; dieses Mal hallte er lang in mir nach.

Dolce fa niente

Da saß Agatha nun. Auf einer Bank im maigrünen Park. Abgestellt. Allein. „Die Sonne wird Ihnen gut tun“, hatte er gesagt und dabei ihr „was soll ich denn hier?”, geflissentlich überhört. Dann war er gegangen.

Sie schaute sich um. Ein paar Blumenbeete. Schnurgerade, gekieste Wege. Leere Bänke. Blühende Sträucher und Bäume. Agatha schloss die Augen. Seufzte. Hörte Frühlingsstille. Roch Maiglöckchen und Flieder. Fühlte den Wind; eine leichte Brise, die für später ein Gewitter versprach. Alles vertraut. Längst so vertraut. In zu vielen Frühlingen erlebt. Nichts Neues, dasselbe, ewig dasselbe.

Agatha seufzte erneut. Ein tiefes Seufzen, mühsalgeladen. An vielen Tagen fiel ihr das Freuen schwer, das Staunen auch, die Dankbarkeit erst recht. Dann schlich sich Resignation hinterrücks an. Schlängelte geschmeidig in sie hinein. Dieser Versuchung nicht nachzugeben war manchmal bleischwer. Unruhig bewegte Agatha die Hände im Schoß. Strich über die Haut, dünn und gelb wie altes Pergament. Knetete die Finger, die von Arthritis gezeichnet waren und zu nicht mehr viel nütze. „Nicht nur die Hände können kaum noch etwas“, zischelte die Schlange in ihr. „Schau dich an. Alt bist du. Alt. Alt! Zu nichts und für niemanden mehr nütze.“

Agatha hörte das Zischeln, das Locken, das Verführen. Es war in ihr, wuchs, breitete sich aus. Sie war alt. Sie war müde. Sie war satt –

lebenssatt. „Wozu das alles?“ Die Worte wisperten ins Herz, träufelten Gift in Kopf und Seele. Langsam. Zerstörerisch.

Ein lautes Krachen draußen vor dem Park erschreckte sie. „Was war das? Vielleicht ein Unfall?“ Alles blieb still. Da! Schon wieder! Wie ein Schuss. Ein Weckruf, der Agatha zurückriss. Ein Motorrad fuhr davon.

„Ah, eine Fehlzündung“. Agatha lächelte. Erinnerte sich zurück. Sah sich. Sah Giovanni. Sah die geliebte blaue Vespa in ihrem ersten gemeinsamen Sommer. Sah, wie sie auf der Vespa durch Rom fuhren. Sah, wie sie sich zwischen den Autos hindurch drängelten. Sah sich, wie sie vor der Stadt auf einer Wiese Rast machten. Spürte, wie ihre Haare im Fahrtwind flogen. Spürte das Vibrieren der Vespa in ihren Beinen. Spürte ihn zwischen ihren Händen. Spürte, wie sie sich an ihm festgehalten hatte. Spürte seine Wärme. Spürte seine Energie. Sie hörte sich lachen. Hörte ihn lachen. Hörte ihre Freude. Erinnerte sich, wie verliebt sie gewesen war. Verliebt in Giovanni. So verliebt. Betrunken von Liebe. Beflügelt.

Nichts anderes zählte in jenem Sommer. Keine Regeln, keine Ermahnungen, keine Vernunft, keine Erwartungen – nichts. Die Liebe hatte sie fest im Griff. Sie hatte sie geweckt, ihre Gefühle offen gelegt, Sehnsüchte entstehen lassen. Es war gewesen, als könne sie fliegen, so leicht hatte sie sich gefühlt.

Agathe hieß die alten Bilder willkommen. Betrachtete sie. Verlor sich in ihnen. Einmal waren sie unterwegs gewesen. Wollten einen Ausflug machen. Fuhren hinaus aus der Stadt. Hinter und neben ihnen waren

Busse und Autos. Sie hatte sich über Giovannis Schulter nach vorne gebeugt, wollte ihn küssen. Er war ihr entgegen gekommen, hatte sie während der Fahrt geküsst. Selbstvergessen. Leichtsinnig. Lang. Wieder und wieder. Von Liebe umhüllt. Von Liebe beschützt.

Agatha schmunzelte. Fast konnte sie den Kuss noch spüren, Giovanni noch schmecken. Sie ließ sich treiben, eingehüllt in dieser Liebe. Sie konnte Giovanni nah bei sich fühlen. Sie sah seine Augen, sah das Blitzen in ihnen, sah die Falten, die sich um seinen Mund gegraben hatten, sah sein weißes Haar, sah die rauen, mageren Hände. Er war voller Leben gewesen – bis zuletzt. Zufrieden. Bei sich. Bis er gegangen war. Sie vermisste ihn. Noch immer. Jeden Tag.

Plötzlich war ihr, als höre sie ihn. Hörte ihn sagen: „Deine schönen Erinnerungen geben dir Kraft. Suche nach ihnen, wenn dir der Mut fehlt!" Sie lächelte. Sah nach ihm.

„Na, die Sonne genossen?", holte sie eine Stimme aus ihren Träumen. „Dann bringe ich Sie hinein – gleich gibt es Essen!" Agatha kam mühsam auf die Füße, stützte sich auf den jungen Mann, ging schwerfällig und langsam den Weg zurück.
Innen aber war ihr ganz leicht.

Das Geschenk

Eines Abends fährt Elisabeth müde vom Tag nach Hause. Sie sehnt sich nach einer Dusche, denn der Tag war lang, heiß und anstrengend gewesen, ebenso wie viele Tage davor auch. Später dann ein kühles Glas Wasser, auf dem Sofa zur Ruhe kommen, vielleicht ein bisschen Musik und an nichts mehr denken müssen – das wäre schön. Sie weiß, sie wird allein sein und braucht auf niemanden Rücksicht zu nehmen. Schnell schließt sie das Auto ab, sucht am dicht bepackten Schlüsselring nach dem Hausschlüssel und läuft dem Gartenweg entlang auf die Haustüre zu.

Plötzlich stockt sie. Was ist denn das? Mitten vor der Haustüre, wunderschön verpackt, liegt ein kleines Geschenk. Erst schaut sie es an, dann nimmt sie es zögernd in die Hand. „Für meine Freundin Elisabeth", steht darauf – in Druckschrift, die nichts verrät. Sie dreht es um, findet aber auch auf der Unterseite keinen Hinweis darauf, wo es herkommt. Sie hält sich das Päckchen ans Ohr – Stille. Schüttelt es, ganz vorsichtig – nichts. Riecht daran – ah, ein zarter Duft. Leider kann sie ihn nicht identifizieren; sie weiß nur, dass sie ihn kennt. „Soll ich das Päckchen mitnehmen?", überlegt sie. „Wer weiß, was darin ist und ob es ungefährlich ist, heutzutage weiß man ja nie!" Sie bleibt stehen, unentschlossen, mit sich ringend. Dann atmet sie tief ein, ruft sich zur Ordnung und sagt sich: „Stell dich nicht an, nimm dein Geschenk und freu dich daran."

Elisabeth geht ins Haus. Behutsam trägt sie das Päckchen hinein, legt es auf dem Tisch vor dem Sofa ab, geht ins Bad. Sie nimmt sich Zeit, fühlt das Wasser auf ihrer Haut, spürt die Abkühlung, nimmt wahr, wie ihr Arbeitstag fortfließt. Zurück im Wohnzimmer öffnet sie die Terrassentür, legt ihre Lieblings-CD auf und kocht sich eine Tasse Melissentee. Dann kuschelt sie sich in die Ecke ihres Sofas, schließt die Augen, genießt den Moment. Gedanken strömen auf sie ein, wie immer, wenn sie zur Ruhe kommen will. Dieses Mal gelingt es ihr, sie ziehen zu lassen. Auf einmal schreckt sie auf – die CD ist zu Ende, sie muss wohl eingenickt sein.

Ihr Blick fällt auf das Geschenk, es steht da, still wartend. Sie steht auf und geht zu ihm hin. Wieder nimmt sie es in die Hand, zieht bedächtig an der schmalen gelben Schleife, die das Päckchen schmückt. Langsam, fast wie in Zeitlupe, hebt sie den Deckel. Seidenpapier, weiß, wunderbar weich, füllt die Schachtel aus. Sie stellt das Kästchen zurück auf den Tisch, setzt sich, greift vorsichtig mit beiden Händen nach dem Papier. Leise raschelt es, als sie es auseinanderzieht. „Oh, wie schön“, entfährt es ihr, nachdem sie einen Blick hineingeworfen hat. Sacht greift sie hinein, nimmt eine feine Glaskugel heraus. Eisblau, schimmernd, durchscheinend – zart, so zart. Kühl ist sie und leicht. Perfekt. Kaum spürbar, ein feiner Hauch nur und doch so präsent, dass sie Elisabeths Aufmerksamkeit fesselt, alles andere ausblendet. Elisabeth hält sie, locker, lässt sie in ihrer Hand ruhen. Erlaubt sich, sich von dem kühlen Blau verlocken zu lassen. Sie schaut sie an – unverwandt, sieht hinein, blickt hindurch, entdeckt Weite und Tiefe. Freude macht sich in ihr breit und eine große Ruhe überkommt sie, breitet sich aus in ihr, lässt sie nachgeben. Mit der Ruhe kommt die Klarheit.

Wie von selbst tauchen alte Bilder auf. Es ist, als würden sich ihr die Seiten ihres Lebensbuches aufblättern. Seite um Seite voller Erinnerungen. Gehörtes, Gespürtes, Gelebtes, Erlebtes. Sie sieht wieder den eisigen Blick aus Vaters blauen Augen, den er immer dann benutzte, wenn sie nicht tat, was sie sollte. Sie hört die streitende Stimme der Mutter; klirrend und kalt wie Eiswürfel in einem Glas. Das Eisblau lässt sie wieder die Aufregung spüren, die sie empfand, als sie sich zum ersten Mal mit Schlittschuhen auf den zugefrorenen Teich wagte. Dann schmeckt sie unverhofft Pfefferminze im Mund – kann sich erinnern, als wäre es gestern gewesen, wie die kleinen weißen Pfefferminzkissen, die sie als Kind so geliebt hatte, schmeckten. Kühl, köstlich, anhaltend; für sie tröstlich. Sie sieht sich in der grünen Wiese sitzen, eifrig und konzentriert Seifenblasen in die Luft blasend. Hauchzart, verletzlich und leicht, so leicht, schwebten sie weg. Fortgetragen, hinaus ins Weite, hinein ins Blau.

Alte Bilder, bekannt, manche davon nicht gern gesehen. Seltsam unberührt ist Elisabeth beim Betrachten, fast losgelöst. Sie wehrt sich nicht, lässt sie auftauchen, eines nach dem anderen. So schnell, wie sie gekommen sind, sind die Bilder wieder verschwunden.

Von Neuem wendet sich Elisabeths Blick der Kugel zu. Und wieder lässt sie zu, dass sie ihre Aufmerksamkeit fesselt. Sie schaut hin, genauer noch als vorhin und da entdeckt sie es: Hier ist ein winziger, kaum mit dem bloßen Auge wahrzunehmender Haarriss. Dort zwei, drei kleine Bläschen – Unvollkommenheiten. Daneben ein kleiner, schwarzer Fleck. Ein Einschluss? Dem Gesamteindruck tut dies keinen Abbruch. Trotz der Mängel ist die Kugel ein kleines Wunder. Anziehend, schimmernd, glänzend, das Licht widerspiegelnd.

„So darf es sein, es muss nicht perfekt sein, Risse und Flecken gehören dazu“, schießt es Elisabeth durch den Kopf. Sie hält die Kugel, locker, lässt sie in ihrer Hand ruhen. Weiß, dass sie einen Schatz in der Hand hält. Stellt fest, dass die Dinge nicht immer sind, wie sie auf den ersten Blick scheinen. Spürt, dass Ruhe und Freude die Anstrengung der letzten Tage vertrieben haben. Nimmt sich vor, die Kugel täglich zu halten, um Ruhe, Freude und Klarheit zu bekommen. Dankt für das Geschenk – wem auch immer.

Die Begegnung

Irene war 19 Jahre alt, als sie ihr Studium begonnen hatte. Nun war sie im zweiten Semester an einer Universität ganz im Süden der Republik; mehrere Hundert Kilometer von zu Hause entfernt. Es war schwer gewesen, sich dies zu erstreiten. Als einziges Kind ihrer Eltern, das dazu erst nach vielen Fehlschlägen zur Welt gekommen war, war sie von klein auf sehr behütet, ja überbehütet aufgewachsen. Je älter sie wurde, desto schwerer fiel ihr zu Hause das freie Atmen. Natürlich schätzte sie ihre Eltern und hatte Verständnis für sie. Das Gefühl, fort zu müssen aber wuchs beständig in ihr. Und jetzt wieder ein Sieg: Zum ersten Mal durfte sie allein an ihren Studienort zurückfahren.

Nun war sie am Großstadt-Bahnhof; ein wenig angespannt, begeistert und viel zu früh. Reiseproviant, Lektüre und Musik für die lange Fahrt hatte sie bereits besorgt. Sie nahm sich Zeit, die Atmosphäre einzufangen. Geschäftiges Hin und Her, eilige Menschen, Abschiede, Freudentränen und Umarmungen beim Wiedersehen – all das zog sie in Bann. Und sie mittendrin, allein, von Stimmengewirr umhüllt. Allmählich erst gelang es ihr, Einzelheiten wahrzunehmen. Stimmen, verschiedene Sprachen und Töne: melodisch, anziehend, wundervoll. Sie schaute sich suchend um. Aus einer Ecke kamen die Töne und sie war nicht die Einzige, die sie gehört hatte. Eine Menschentraube hatte sich gebildet. Hingerissen von der Musik bahnte sie sich einen Weg durch die wartenden Menschen. Bis ganz nach vorn drängelte sie sich, ungewohnt für sie, aber plötzlich von allerhöchster Bedeutung. Sie musste ihn sehen, ihn, der sie begeisterte mit seinem Gesang.

Ein junger Mann mit Gitarre, vielleicht etwas älter als sie selbst. Er sah unauffällig aus. Auf der Straße hätte sie ihm nicht hinterher geschaut, aber der Stimme konnte sie sich nicht entziehen. Alles an ihm sang, sang, als wäre es das einzig Wichtige. Seine Lieder erzählten Gefühle, sprachen vom Leben, teilten sich mit.

Sie hörte zu, bezaubert. Es war, als sänge er nur für sie – für sie ganz allein. Sie musste nicht alles verstehen, um zu verstehen. Sie fühlte den Sinn. Sie schaute ihn an, unverwandt. Lud ihn ein, sie zu sehen. Dann war es ihr, als ob etwas aus ihm heraus auf sie zuwachse, stark und weich zugleich. Mit zärtlichen Fingern nach ihr griff und Teile von ihr aus dem Kokon beengender Liebe schälte. Da stand sie nun, aufgebrochen, atemlos, verführt. Nie zuvor hatte sie sich selbst so gespürt.

Als es Zeit war, ging sie zum Bahnsteig. Sie fuhr ab, noch immer verzaubert. Umfangen von seinem sehenden Blick. Seine Töne fielen in sie hinein, begleiteten sie, verbanden sich mit ihrem Klang zu einem neuen Lied. Ein Anfang, unumkehrbar.

Silvesterabend

Silvesterabend. Volle Straßen. Die meisten Fenster sind unbeleuchtet. Hinter den wenigen, aus denen Licht fällt, ist kein Leben auszumachen. Es scheint, als ob alle Bewohner der Stadt in Bewegung wären – hin zum großen Countdown. In kleinen und großen Gruppen ziehen Junge und Alte zur großen Party. Fröhlich schlendern die einen, eilen die anderen. Musikfetzen wehen durch den Abend, geben der Ausgelassenheit einen Rhythmus, der ansteckt und mitreißt. Handys läuten, frühe Sektkorken knallen, Lachen und laute Rufe vermischen sich mit den Fahrgeräuschen des nahen Stadtrings zu einer bunten Klangcollage.

Ein junger Mann schlendert, das Handy am Ohr, hinter seinen Freunden her. Er spricht, lacht, schweigt. Sieht die anderen um die Ecke verschwinden, während er das Telefonat beendet. Er steckt das Handy zurück in die Manteltasche und geht langsam weiter. Wirkt auf einmal unsicher. Weiß nicht, was los ist. Plötzlich bleibt er stehen. Es ist, als ob ihn etwas zurückhält. Er dreht sich um. Schaut. Nimmt drüben auf der anderen Seite eine Bewegung wahr. Sieht hin, genauer jetzt.

Eine Frau, allein. Dunkel im Dunkeln. Fast unsichtbar. Die Schritte schwer. Sie läuft, als ob sie müde wäre, von Trauer erfüllt; als ob sie die Last der Welt tragen würde.

Die Schwere schwappt über die Straße, trifft ihn frontal mit ungeahnter Heftigkeit. Ein starker Sog, dem er nichts entgegenzusetzen hat, zieht ihn hinüber. Er gibt ihm nach, läuft auf sie zu – langsam, um sie nicht zu erschrecken. Er will sie trösten, muss sie trösten, will ihr die Schwere nehmen. Er bleibt vor ihr stehen, schaut sie an und sagt: „Hallo!“ Nur Hallo, sonst nichts. Sie sieht hoch. Ihre Blicke treffen sich. Schweigen. Schauen. Schweigen.

Sie stehen da, beide wie gebannt von den Gefühlen, den Blicken des anderen. Nichts zählt mehr außer dieser Verbindung. Sie hören nicht die Musik, die zu ihnen herüber klingt. Haben keinen Blick für die Sterne, die auf sie herab leuchten. Spüren nicht den Wind, der an ihren Haaren zerrt, um kalt daran zu erinnern, dass es noch Winter ist. Riechen nicht den Glühweinduft, der wie eine Einladung in der Luft liegt. Nur Schweigen. Ein einziges, großes Schweigen – randvoll. Es tröstet, wärmt, nährt.

Die Zeit wächst, dehnt sich aus, wird unwichtig. Auf einmal läuten die Kirchenglocken. Erste Raketen krachen in die Nacht. Der zwölfte Schlag zerreißt das Band. Der Bann löst sich. Die beiden schauen sich an, ein letzter Blick von ihr. Dann geht sie weiter. An ihm vorbei, vorwärts. Leichter jetzt und wach. Er fühlt, dass sie die ungesagten Worte mit sich nimmt. Kein Blick zurück. Lichterregen fällt vom Himmel. Es ist Neujahr.

Elvira

Elvira war gerade 20 Jahre alt geworden. Nach der frühen Scheidung der Eltern, dem baldigen Tod der Mutter und dem Leben mit ihrem despotischen Vater und seinen wechselnden Liebschaften, bekam sie langsam wieder Halt. Einige verlässliche Freundinnen hatten dazu beigetragen. Vor allem Johanna war im Lauf der Zeit zu einer wirklichen Stütze geworden. Johanna war einige Jahre älter als Elvira und besaß viel Lebenserfahrung. Sie war in ihrer Kindheit und Jugendzeit regelmäßig massiver Gewalt ausgesetzt, worüber sie auch ganz offen sprach. Trotzdem strahlte sie ansteckende Freude und Optimismus aus und erzählte gern, wie sehr das Schreiben ihr geholfen habe, seelische Wunden zu heilen.
Elvira hatte sie kennengelernt, als sie in der Schule an einer Schreibwerkstatt teilnahm, die Johanna leitete. Schnell entstand damals zwischen ihnen eine tiefe Freundschaft. Elvira konnte sich mit all ihren Sorgen und Fragen an sie wenden. Johanna hörte zu. Nie gab sie ihr Ratschläge. Immer half sie ihr, eigene Antworten zu finden. So war Johanna im Lauf der Zeit zu einem Vorbild für Elvira geworden.

Elvira befand sich seit einem Jahr in der Ausbildung zur Reiseverkehrskauffrau. Anfänglich hatte es ihr gut gefallen, die Arbeit interessierte sie, mit den Kolleginnen kam sie gut zurecht und der Kontakt zu den Kunden machte ihr großen Spaß. Je mehr Einblick sie bekam und je länger sie im Reisebüro war, desto schwieriger wurde es.

Nicht nur, dass ihre Chefin eine „Ex“ ihres Vaters war, nein, sie war auch aufbrausend und unberechenbar. Keine der Angestellten wusste morgens, wenn sie die Tür zum Geschäft öffnete, was sie wohl erwarten würde. Manchmal war die Chefin ruhig und freundlich. Sie säuselte mit den Angestellten wie ein laues Lüftchen, das kaum auf der Haut spürbar ist. Ein anderes Mal tobte sie wie ein Orkan, fegte über alles und jeden Hinweg, hinterließ Zerstörung. Sie schwieg, sie tobte, sie lächelte – kurz: Ihre Stimmungen wechselten wie das Wetter im April. Immer wieder pickte sich die Chefin eine der Angestellten heraus, hackte auf ihr herum, ließ nichts, gar nichts gelten.

Das brachte es mit sich, dass die Mitarbeiter oft wechselten. Keine hielt länger durch, kaum eine blieb. Es war kein Klima, in dem Elvira sich hätte öffnen können. Kein Klima, in dem sie mit ihren Ängsten und Fragen an sich selber hätte bestehen können. Kein Klima, in dem für sie Entwicklung möglich gewesen wäre. Stattdessen zog sie sich zurück, machte sich klein, schwieg, lächelte. Sie bemühte sich, nicht aufzufallen. Blieb möglichst unsichtbar. Wollte keine Angriffsflächen bieten. Sie wollte nicht getroffen werden von den Bosheiten, die kalt, schwer, hart wie eisige Hagelkörner auf sie niederprasselten. Wieder einmal fühlte sie sich allein gelassen; ein Gefühl, das sie kannte. Dann begann die Chefin, ihre Angriffe mehr und mehr auf Elvira zu konzentrieren. Offen machte sie sich über sie lustig, plauderte vertrauliche Dinge über sie aus, thematisierte ihre unglückliche Kindheit und tat ihr Bestes, sie zu demütigen. Elvira reagierte heftig: Sie schlief kaum, verlor ihren Appetit und hatte Angst, zur Arbeit zu gehen.

Nach einer besonders schlimmen Woche, nahm sie ihren ganzen Mut zusammen und suchte das Gespräch mit ihrem Vater. Sie waren im Auto unterwegs zur Geburtstagsfeier ihrer Tante und Elvira dachte, der Zeitpunkt sei günstig. Sie sprach über die Demütigungen, erzählte detailliert von den bitterbösen Angriffen gegen die Kolleginnen und sich selbst. Sie beschrieb, wie sie sich fühlte. Klagte, weinte und bat darum, anderswo weiter lernen zu dürfen. Der Vater, stur wie eh und je, verbot es ihr. „Da musst du durch, stell dich nicht an, da kannst du fürs Leben lernen", ließ er sie – süffisant grinsend – wissen. Elvira blieb beharrlich wie nie zuvor bei ihrer Meinung, der Vater auch – wie immer. Er sagte ihr rundheraus, dass er ihr Unterhalt und Wohnung streichen würde, wenn sie nicht bliebe.

Elvira wusste sich nicht zu helfen. Sie war sich ganz sicher, dass sie so nicht weitermachen konnte. Da rief sie Johanna an und bat um ein Gespräch. Diese riet ihr, auf ihre Gefühle zu hören und gut für sich selbst zu sorgen. „Schreib doch einmal ein Gedicht zu dem Gefühl, das momentan am stärksten ist und schau, was passiert. Vielleicht findest du so einen Weg für dich", schlug sie Elvira vor. „Ich tausche mich gern mit dir darüber aus." Elvira dachte: „Was habe ich schon zu verlieren"; dann setzte sie sich hin und versuchte zu schreiben. Es fiel ihr schwer, denn zuerst wollte das Gefühlsdurcheinander entwirrt werden. Darin hatte sie bislang nicht viel Übung gehabt. Jetzt bemerkte sie, wie wichtig es für sie war, diese starken Gefühle benennen zu können. Einige Tage später traf sie sich mit Johanna.

„Und, hast du ein Gedicht dabei“, fragte diese gleich, nachdem sie sich gesetzt hatten. „Wenn ja, dann würde ich es gern hören”. Elvira nahm ihr Notizbuch aus der Tasche und begann zu lesen:

Meine Wut

Rot
lodert sie auf.
Bitter, so bitter.
Beißend explodiert sie ins Weite,
breitet sich aus wie funkelnder Feuerregen.
Zischend
rast sie dahin,
lässt kraftvoll mich zurück.

Johanna schaute Elvira schweigend an – lang, ganz lang. „Wow“, sagte sie dann. „Wie geht es dir jetzt?“ Über Elviras Gesicht zog ein Lächeln, dann antwortete sie ruhig „Gut, ich weiß jetzt, was ich will!“

Sonne und Mimosen

Marlene, eine junge Frau Ende zwanzig, hatte eine harte Zeit hinter sich. Zuerst war ihre langjährige Liebesbeziehung zerbrochen. So suchte sie beruflich nach einer neuen Herausforderung, die einen Ortswechsel mit sich brachte. Auch der Verlust des bisherigen Freundeskreises kostete sie so viel Kraft, wie die Suche nach neuen Bekanntschaften und Freundschaften. Nach einiger Zeit hatte sie sich wieder gefangen; nur am Vertrauensverlust durch den Betrug des Partners hatte sie noch zu schleppen.

Nachdem sie monatelang von früh bis spät gearbeitet hatte, beschloss sie, es wäre Zeit für eine Auszeit. Deshalb nahm sie sich den Sommer frei und plante eine Pilgerwanderung. Neue Erfahrungen sammeln, Überholtes hinter sich lassen, sich wieder begegnen – das wollte sie.

Den Rucksack hatte sie gepackt; allen unnötigen Ballast zurück gelassen. Tagebuchhefte und Stifte packte sie ein, ansonsten nur das Notwendigste. Dann brach sie auf. Sie benötigte einige Tage, um in ihren Gehrhythmus zu finden. Manchmal ging sie ein Stück mit anderen; Pilgern, deren Wege sich kreuzten und wieder trennten. Oft ging sie allein, sprach den ganzen Tag kein Wort, lernte mehr und mehr sich selbst besser zu verstehen. Sie durchlebte drückend heiße Tage, an deren Ende sie ausgelaugt und erschöpft war. Regentage, die das Gehen schwer machten und sie befürchten ließen, alles um sie herum löse sich auf. Sommergewitter, die die Atmosphäre reinigten.

Langsam veränderte sich etwas in ihr: Sie lief zu sich, nicht mehr von sich. Vier Wochen war sie bereits unterwegs. Die ersten Blasen waren abgeheilt, machten Platz für neue. Erste Hefte randvoll mit Eindrücken und Erfahrungen. Ein ordentliches Stück Weg lag noch vor ihr, aber sie spürte keine Eile mehr. In einer französischen Stadt entschloss sie sich, eine 2-tägige Erholungspause zu machen. Ein anständiges Bett in einem Zimmer für sich allein, gründliches, warmes Duschen, ein Bummel durch schmale Gassen – kurz: Zivilisation genießen erschien ihr äußerst erstrebenswert.

Anderntags, nach einem ausgiebigen „Spätstück“, schlenderte sie durch die Stadt. Dabei entdeckte sie Ausstellungsplakate. Fröhliche, bunte Bilder lockten sie in eine Märchenwelt. Sie kaufte sich eine Eintrittskarte und betrat die Ausstellung. Helle, luftige Räume empfingen sie. Sie war allein, gab sich Raum, hin und her zu gehen, schaute, genoss, nahm in sich auf. Kräftige Farben in Erd- und Wassertönen sättigten sie.

Plötzlich roch es nach frisch aufgebrochenem Ackerboden, Zitrusfrüchten, dem süßen Duft blühender Mimosen. Marlene schloss die Augen, sog die feine Mischung auf, ließ sich betören. Sie begann, nach der Quelle des Dufts zu suchen, fand aber nichts.

Dann hörte sie ein Flüstern – eine Frau und ein Mann sprachen leise miteinander, so, als ob die Worte zerstöben, wenn sie zu laut geäußert würden. Wieder suchte sie, wieder ohne Erfolg; da war niemand, nur sie allein. Rasch eilte sie durch die verschiedenen Räume; die feinen

Aromen und die Stimmen waren lediglich vor einem Bild zu bemerken. Sie gab nach, holte sich einen der bereitstehenden Hocker, ließ sich ein.

Wärme und Helligkeit fielen ihr als Erstes auf und sie fühlte sich eingebunden in strahlendes Gelb. Weich strömte es auf sie zu, liebkoste sie. Allmählich erst erschlossen sich ihr verschiedene Bestandteile des Bildes. In einer sonnigen Blase schwebte erdennah ein Paar. Aufeinander bezogen erblickten sie nichts außer einander. Schweigend und redend erzählten sie sich vom Leben, von der Liebe. Wörter, nur für sie beide bestimmt, mischten sich mit dem Säuseln der Sommerbrise. Schützend neigte sich ein großer Strauß Mimosen und ein blauer Vogel über sie; so, als wollten sie sie einrahmen.
Marlene ließ sich hineinziehen, zog sich zurück, gab sich hinein. In diesem feurigen Gelb wurde sie schläfrig, entspannte sich zum ersten Mal seit Langem, ließ los.

Da hörte sie eine leise Stimme sagen: „Wie die beiden in der Blase, bist auch du in deinem Kern geschützt. Er ist unberührbar für Verletzungen, du bleibst du.“

War die Stimme aus ihr gekommen? Aus dem Bild? Von irgendwo anders? Es war einerlei, sie war da. Marlene blieb. Versunken, bis die Ausstellung schloss. In Licht gebadet spazierte sie zurück, voll nie gekannter Leichtigkeit. Ging und ging und kam an.

Nicht schon wieder

Anna setzt ihre Brille auf, so kann sie das Nadelöhr besser sehen. Beim vierten Versuch gelingt es ihr, den grünen Leinenzwirn einzufädeln. „Sternchenfaden“ hat sie als Kind dazu gesagt. Bevor sie den neuen, den goldglänzenden Knopf an die alte, abgetragene Lederjacke näht, verknotet sie die beiden Fadenenden miteinander. Blitzartig hört sie in ihrem Kopf die Stimme ihrer Mutter: <Langes Fädchen, faules Mädchen.> Anna seufzt: „Mein Gott, wie lange wirken diese Sprüche nach. Jetzt bin ich über 50 Jahre alt und zucke immer noch jedes Mal zusammen, wenn ich einen Nähfaden in die Hand nehme.“ Sie schüttelt den Kopf. Geübt näht sie den Knopf an, aber mit ihren Gedanken bleibt sie bei dem alten Satz ihrer Kindheit hängen.

„Welche Sprüche habe ich früher noch zu hören bekommen?“, überlegt sie laut, während sie Nadel, Faden und Schere wieder zurück in ihren Nähkorb räumt. <Morgenstund hat Gold im Mund> fällt ihr ein. „Oh je, was habe ich diesen Spruch gehasst.“ Sie erinnert sich an unzählige lästige Diskussionen mit ihrer Mutter. Wie oft hat Anna ihr entgegengehalten: „Ich bin nicht wie du! Meine Zeit ist abends. Versteh doch, dass es unterschiedliche Rhythmen gibt.“ Aber egal, wie oft sie sich deswegen streiten, ihre Mutter versteht das nicht. Selbst heute noch bringt sie es fertig, diesen Spruch auf Annas Anrufbeantworter zu hinterlassen, wenn sie wieder einmal morgens früh um 7.00 Uhr anruft und Anna nicht erreicht. Meist fügt sie dann noch hinzu: <Ja, ja, am Abend werden die Faulen fleißig!> Anna spürt, wie schon alleine beim Nachdenken der vertraute Ärger über diese Sprüche in ihr aufsteigt. „Ob meine Freundinnen das auch kennen?", grübelt sie. „Morgen haben wir unser monatliches Abendessen, da werde ich sie fragen!", beschließt sie.

Karin, Regina, Ulrike, Brigitte, Luise und Irene lehnen sich satt auf den weichen, grünen Armlehnstühlen zurück. Das Essgeschirr ist abgeräumt, nur noch die gefüllten Gläser stehen auf dem Tisch. Die Kerzenflammen zucken über die zartgelbe Tischdecke und die roten Herbstblätter, die den Tisch schmücken. Alle schauen zu Anna. Regina ergreift das Wort: „Du wolltest etwas mit uns besprechen, Anna. Um was geht es?" Anna erzählt ihren Freundinnen von ihrem gestrigen Erlebnis beim Nähen und ihren Überlegungen. „Ich frage mich, ob ihr das auch kennt. Und wenn ja, wie es euch mit den alten Sprüchen geht."

Für einen Moment ist alles still. Dann fängt Regina an: „<Wie man isst, so schafft man auch!> das ist der Spruch meiner Kindheit. Was habe ich ihn gehasst!" Einen kurzen Moment schweigt sie, dann spricht sie weiter: „<Auch ein blindes Huhn findet mal ein Korn>, sagte meine Mutter immer zu mir. Und da fällt mir gerade noch einer ein: <Kleine Sünden straft der liebe Gott sofort.>" Regina schaut in die Runde, sieht die Gesichter der Freundinnen. Alle blicken sie an. „Du wolltest wissen, wie es uns damit geht, Anna. Nach wie vor trage ich diese Sprüche bei mir. Sie haben mich verletzt und ich habe mich deshalb immer weniger wert gefühlt als andere. Und obwohl ich viel daran gearbeitet habe, kommen sie mir immer wieder in den Sinn." „Dann geht es dir wie mir", antwortet ihr Anna und streicht Regina tröstend

über den Arm. „Und ihr, habt ihr auch solche Sprüche?“ Jetzt sprudelt es förmlich aus den anderen heraus. Karin ruft: „<Es ist nicht alles Gold, was glänzt>, <Reden ist Silber, Schweigen ist Gold> und <Schuster, bleib bei deinen Leisten> hieß es bei uns fast jeden Tag.“ Da fällt ihr Ulrike ins Wort: „<Bescheidenheit ist eine Zier>, <Besser der Spatz in der Hand, als die Taube auf dem Dach> und <Was du heute kannst besorgen …>“
„<… das verschiebe nicht auf Morgen>“, vollenden die anderen im Chor das Sprichwort. Dann brechen sie in Gelächter aus. Anne erhebt ihr Glas, der sattrote Wein schimmert im Licht. Sie prostet den anderen zu, die ihre Gläser in die Hand nehmen und mit ihr anstoßen.

Ein gedämpftes Klingen schwebt über dem Tisch. In die darauffolgende Stille hinein sagt Ulrike: „Und ihr drei? Was gab es bei euch für Sprüche?“ Brigitte atmet tief durch und sagt: „Die beiden Standardsätze bei uns zu Hause waren <Müßiggang ist aller Laster Anfang> und <Man muss die Suppe auslöffeln, die man sich eingebrockt hat.>“ Und sie fügt hinzu: „Noch heute habe ich meine Schwierigkeiten damit, zumindest mit dem ersten Spruch. Jedes Mal, wenn ich mich in meinen alten Ohrensessel setze, um einen warmen Tee zu trinken und mich nach einem anstrengenden Tag auszuruhen, fällt mir als Erstes ein, dass noch unerledigte Arbeit auf mich wartet. Dann kommt es mir vor, als würde ich meine Oma hören, die immer, wenn ich irgendwo saß, gesagt hat: <Erst die Arbeit, dann das Vergnügen> oder <Sich regen bringt Segen.> Dann muss ich mich dazu zwingen sitzen zu bleiben, statt dem Alten nachzugeben.“

„So ähnlich geht es mir auch“, fällt Luise ein. „Ihr wisst ja alle, dass ich gerne singe und pfeife. Dauernd passiert es mir, dass ich beim Pfeifen die Stimme meiner Mutter höre, die sagt: <Mädchen, die pfeifen und Hühnern, die krähen, soll man beizeiten den Hals umdrehen.>”
„Was ist denn das für ein böser Spruch?“, entrüstet sich Anna. „Wenn Mädchen den von klein auf zu hören bekommen, wie sollen sie dann zufrieden Mädchen sein und das Gefühl haben, sie sind in Ordnung? Ob das erklärt, warum du dich schon seit dem Kindergarten eher wie ein Junge gibst?“

Schweigen am Tisch. Es zieht sich. Jede hängt ihren Gedanken nach. Ist beschäftigt mit eigenen Überlegungen. Da ergreift Irene das Wort: „Wenn ich euch so zuhöre, bin ich dankbar dafür, dass ich solche Sprüche nicht zu hören bekam.“
„Gab es bei dir überhaupt keine solchen Sätze?“, wundert sich Luise.
„Doch schon, aber sie hatten eine andere Wirkung. Ich erlebe sie als positiv und kann immer noch Kraft und Stärke daraus schöpfen.“
„Jetzt bin ich aber neugierig, wie deine Sprüche heißen“ wirft Regina ein. „Lass hören, Irene!“
“<Alle Wege führen nach Rom>, <Aller Anfang ist schwer>, <Allen Menschen recht getan, ist eine Kunst, die niemand kann>, <Übung macht den Meister> und <Was du nicht willst, dass man dir tu, das füg auch keinem andern zu!>”, zählt Irene ihre Sprüche aus der Kinderzeit auf. Anna, die das Gespräch ins Rollen brachte, schaut Irene an und sagt: „Ich glaube, ich beginne zu verstehen, woher die Gelassenheit kommt, mit der du durchs Leben gehst.“

Sie schenkt Irene ein Lächeln, schaut in die Runde und fragt: „Was haltet ihr davon, wenn wir die alten, negativen Sprüche, die uns immer noch begleiten und uns so wenig gut tun, loswerden?“ Alle schauen Anna fragend an. „Wisst ihr, wir könnten die Sprüche aufschreiben und als Zeichen des Loslassens verbrennen.“
„Aber“, sagt Ulrike, „deswegen sind sie doch nicht weg. In unseren Köpfen treiben sie weiter ihr Unwesen.“
„Deswegen werden wir für jede von uns neue Sprüche finden, die positiv sind und die alten ersetzen“, antwortet Anna. Wieder wendet sie sich an Irene: „Du hast keine negativen Sprüche verinnerlicht. Ich schlage deshalb vor, dass du, als unsere <weise Freundin> ein Loslassritual für uns leitest und uns mit den aufbauenden Gedanken hilfst. Was meinst du dazu? Und was haltet ihr davon?“ Sie schaut alle nacheinander an. Eine nach der anderen sagt: „Ich bin dabei!“ Irene ergänzt: „Ich schlage vor, dass wir uns alle bis zu unserem nächsten Treffen Gedanken machen, auf welche Art und Weise wir dies tun können. Außerdem wäre es hilfreich, wenn sich jede bewusst macht, welche neuen Botschaften sie in ihrem Leben haben möchte. Das alles können wir dann zusammentragen und gemeinsam besprechen. Vielleicht könnten wir eine Frauenfeier planen, bei der wir auch ein Ritual für das Neue finden. Seid ihr damit einverstanden?“

Ein sechsstimmiges JA ertönt. Karin schaut zu Anna hinüber und sagt: „Danke, dass du mit deiner Ehrlichkeit und deiner Frage dieses Gespräch ins Rollen gebracht hast. So haben wir eine Chance zur Veränderung bekommen. Was wären wir nur ohne Freundinnen!“

Zerbrochen

Renate stand mitten in der Küche. Vor ihr auf dem Boden lag die Stollenplatte aus dickem Kristall – ein Erbstück ihrer Großmutter. Zerschellt. Unzählige glitzernde Splitter waren wie Hagelkörner durch die Küche geschossen. Klein, hart, kalt. Die Platte war ihr einfach aus den Händen gerutscht, als sie die Erdbeer-Sahne-Roulade nach nebenan ins Wohnzimmer tragen wollte. Einfach so.

Renate stand da. Schaute auf die Uhr. Es war 15.02 Uhr. Er wartete sicher schon ungeduldig im Wohnzimmer, trommelte mit den Fingern auf den Tisch, Missbilligung im Gesicht, den Kaffee längst eingeschenkt. Pünktlich um 15.00 Uhr gab es den Sonntags-Kaffee, seit jeher mit einer Biskuitroulade. Sie schaute sich in der Küche um. Weiß-rote Sprenkel verteilten sich auf dem Boden, den Schranktüren, den Stuhlbeinen, auf ihrer Hose, der Schürze, den Schuhen. Es sah aus, als ob ein Frühlingssturm einen blühenden Apfelbaum durchgerüttelt hätte und seine Blüten zerfetzt zu Boden gegangen wären.

Nach dem entsetzlichen Klirren, das lange in ihr nachhallte, war es inzwischen ganz ruhig geworden. Die Ruhe wurde einzig unterbrochen vom unerbittlichen Ticken der Uhr. Minute um Minute verschwand. Spurlos. Leise. Verrann wie Wasser im Sand. Renate starrte gebannt auf den Zeiger, der sich tack, tack, tack weiter bewegte. Oben angekommen machte er einen kleinen Hüpfer, dann ging es tack, tack, tack weiter im Kreis.

Tränen liefen Renate über das Gesicht. Ganz langsam war die erste Träne gekommen. Jetzt liefen sie, als ob jemand einen Wasserhahn aufgedreht hätte. Sie flossen über ihre Wangen, rannen salzig über ihre Lippen, tropften auf die Bluse, durchnässten sie. Sie ließ sie strömen. Wischte keine einzige weg. Bitter schmeckte die Enttäuschung, die in ihr hoch kroch. Wie ein harter, unnachgiebiger Knoten war sie da. Sie stieg empor, breitete sich aus, färbte alles dunkel ein. Es kam ihr vor, als ob sie aus all ihren Poren hervorquellen würde.

Renate blieb zurück, knietief im modrigen Sumpf der Täuschung. Sie hatte sich so angestrengt. Wie immer. Seinen Lieblingskuchen gebacken. Voller Hingabe. Wieder einmal. Diese Roulade war die perfekteste gewesen, die sie je geschafft hatte. Sie hatte lange dafür geübt. Für ihn nur das Beste – das hatte sie so gewollt. Alles hatte sie diesem Wunsch untergeordnet, alles!

Und jetzt? Jetzt war die Roulade kaputt, ungenießbar, zerbrochen. Ihr einfach aus den Händen geglitten. Sie stand da, betrachtete ihre leeren Hände, konnte es nicht fassen. „Was für ein sprechendes Bild“, schoss es Renate durch den Kopf und Schmerz zeichnete ihr tiefe Furchen ins Gesicht.

Dann kam die Wut. Heiß. Explosiv. Sie glühte. Renate schloss die Augen. Sah grellrote Blitze durch die Küche schießen. Sie stampfte laut mit dem Fuß auf, noch einmal, wieder und wieder. Trampelte in die Scherben, trampelte in die Sahne, verwüstete die Verwüstung. Sie

schimpfte und schrie und heulte. Rasender, unbändiger Zorn ergriff von ihr Besitz, ließ sie wie eine Furie durch die Küche toben.
Er kam nicht. Wie immer.

Schlagartig war es vorbei. Einfach so. Die Wut verraucht. Renate blickte zur Uhr: 15.27. Die Zeit enteilte, tack, tack, tack. Renate war inzwischen ganz ruhig. Sie band ihre Rüschenschürze ab. Faltete sie sorgfältig. Legte sie behutsam mitten auf den Tisch. Schlüpfte aus den Hausschuhen.
Kein Laut von nebenan.

Sie sah sich um, Abschied im Blick. „Alles zerbrochen, alles!“, sagte sie leise. Doch da war niemand, der sie hörte. Sie drehte sich um und ging. Ging, ohne einen Blick zurück. Nahm nichts mit außer den Resten ihres Selbst. Mit einem leisen „Plopp“ fiel die Tür hinter ihr zu.
Draußen schien die Sonne.

Die Blockflöte

Ronja war unterwegs. Schon eine Weile. Lief über eine Wiese. Es roch nach Sommer. Sie war weggelaufen. Weg von dem Streit mit ihrem Freund. Kopflos und wütend. Noch war sie mit ihren Gedanken bei der gewaltigen Auseinandersetzung, die sie völlig aus der Bahn geworfen hatte. Natürlich – in den 8 Jahren, die sie inzwischen zusammenlebten, hatte es manchen Streit gegeben. Aber nie zuvor war es so schrecklich gewesen. Beide hatten sie die Kontrolle über sich verloren, sie hörte noch, wie die Teller auf dem Boden zerschellten. Sie hatte sich selbst mit einer großen, tief greifenden Furcht betrachtet. Deshalb war sie gegangen. Geflohen, bevor alles, was sie verband, zu Bruch ginge.

Den Wind, der vom See herüber wehte, empfand sie wie ein besonderes Geschenk. Seine kühlen Finger wischten den heißen Ärger fort und beschwichtigten die bösen Gedanken, die wie aufgescheuchte Vögel durch ihren Kopf flatterten. Es war, als ob sie nach draußen drängten, die Enge verlassen, endlich frei sein wollten.

Gerade wollte sie den Mund öffnen, um sie alle in einem lauten Schrei herauszulassen, da stieß sie mit dem Fuß gegen etwas und geriet ins Stolpern. Sie bückte sich und fand im hohen Gras eine alte Blockflöte. Ronja hob sie auf. Betrachtete sie. Sah die Kratzer von kleinen Zähnen am Mundstück. Honiggelb war sie, genauso wie ihre alte Kinderflöte ausgesehen hatte. Sie lag warm in ihrer Hand, totes Holz, dabei seltsam lebendig.

Ronja setzte sich ins Gras, die Flöte fest in der Hand. “Wo ist meine Flöte wohl geblieben? Ich habe sie seit Jahren nicht mehr gesehen“, dachte Ronja. Wie lange hatte sie schon nicht mehr Flöte gespielt? Ihrem einst so wichtigen Instrument keine Töne mehr entlockt? Sie wusste es nicht. Wusste auch nicht, weshalb sie das Spiel aufgegeben hatte. Ob sie es wohl noch konnte?

Sie hob die Flöte hoch, vorsichtig, langsam, zögerlich. Führte sie an den Mund. Blies einmal hinein. Ein Ton entwich, hallte dumpf nach, fiel zu Boden. Fester blies sie jetzt in die Flöte. Zorniger. Lauter. Dunkel und schwer fielen die Töne hinunter, wurden mehr, kamen schneller und schneller – durchdrangen die Sommerstille wie ein schriller Schrei. Sie häuften sich an, wuchsen zu einem hohen Berg.

Ronja erschrak. Wie viel Zorn, Wut, Ärger hatten sich in ihr angesammelt? Ihr die Energie geraubt? Ihre Gedanken besetzt? Sie unzufrieden und böse werden lassen? „Nein!“ beschloss sie, „so kann das nicht weitergehen; etwas muss sich ändern.“

Erschöpft ließ Ronja sich ins Gras sinken. Sie hörte den Wind summen. Das Lied der Vögel. Das Flirren der Insekten. Das Flüstern des Grases. Die unterschiedlichen Geräusche flochten sich zu einer Melodie, die sie einlullte. Sie schlief ein.

Als sie aufwachte, hielt sie die Flöte noch immer in der Hand. Sah sie an. Hob sie an den Mund. Blies vorsichtig hinein. Ein Ton entkam. Hell wie ein Glühwürmchen in einer Sommernacht. Sie wurde mutiger. Die Griffe der Finger sicherer. Plötzlich fühlte sie sich wieder wie das kleine Mädchen, das sie gewesen war. Das Mädchen, das mit seiner

Flöte Geschichten erzählte. Positive, fröhliche, sehnsüchtige Geschichten. Geschichten, die ansteckten. Geschichten, die berührten.

Sie blies weiter in die Flöte. Erst einen Ton, dann noch einen und noch einen und noch einen. Leicht, beschwingt, heiter wurde ihr Lied. Die Töne schwebten wie Samenschirmchen in die Luft, gingen auf die Reise. Ronja lauschte ihnen nach.

Dann stand sie auf und machte sich auf den Rückweg. Die Flöte nahm sie mit – ein Versprechen, das sie sich selbst gab.

Im Nachthemd tanzen

Im Nachthemd tanzen – was für eine Vorstellung. Nie wäre Letitia selber auf die Idee gekommen und so hatte sie den Vorschlag ihrer Freundinnen spontan abgelehnt. Im Nachthemd tanzen, so ein Blödsinn. Sie konnte sich noch nicht einmal vorstellen, die warme Sommernacht im Nachthemd auf ihrem Balkon zu genießen. Letitia saß da und lauschte der Nacht. Still war es, ruhig, wie selten eine Nacht hier am Rand der Stadt. Kühl und glatt wie Seide strich die Dunkelheit über sie. Sie fühlte sich wohl; wohl, wie schon lange nicht mehr. Hatte sie doch so damit gehadert, den Glauben an sich verloren hatte. Viel zu lange hatte sie zugelassen, dass sie sich selbst klein machte, für alles Mögliche Verantwortung übernahm, alles dazu benutzte, sich abzuwerten. Ihr ganzes Selbstvertrauen war verloren und sie wusste nicht mehr, wer sie war, wie sie war, was sie war.

Dann hatte sie alles hinter sich gelassen. Beziehung, Wohnort, Job, Familie, Freundeskreis. Hörte auf den Rest ihrer Intuition. Hatte sich Hilfe gesucht. Sich gerettet – endlich gerettet, zurückgefunden zu sich. Nun saß sie hier, angekommen. Hatte Fuß gefasst. Sich eingelebt. Konnte wieder durchatmen. Sie besaß Freude am Leben, konnte den Tag mit einem Lächeln begrüßen, ging gern zur Arbeit, verfügte über Kraft und Energie. Und doch: irgendetwas fehlte noch.

Letitia wurde nachdenklich. Was wäre dabei, sich mit den neuen Freundinnen zu treffen, um im Nachthemd in eine Sommernacht hinein zu tanzen? Nichts, wenn sie es genau bedachte. Alles vorgeschobene

Gründe, alte Denkmuster, Gebote und Verbote. Ballast, der ihr im Weg stand. Schranken, die sie hinderten. Sie stand auf, lief ins Wohnzimmer. Ging zum Tisch. Dort stand das liebevoll verpackte Geschenk ihrer Freundinnen. Sie nahm es hoch, drehte es hin und her, wog es in der Hand. Letitia gab sich einen Ruck, öffnete die purpurrote Schleife, entfernte das knisternde Goldpapier. Sah die schwarze Lackschachtel und hob den Deckel. Auf hellblauem Seidenpapier lag ein Stück Stoff. Champagnerfarben. Mit Spitze und Lochstickerei. Ganz behutsam nahm sie es hoch. Es war ein langes, zartes Batist-Nachthemd. Am Ausschnitt steckte ein Kuvert. Vorsichtig löste sie es ab, riss es auf und zog eine Karte heraus.

„Liebe Letitia", las sie, „Du hast einen anstrengenden Weg hinter dir, der dich hierher geführt hat. Wie schön, dass Du uns und Dich gefunden hast. Ein bisschen Leichtigkeit tut uns allen gut. Deshalb hoffen wir, Dich morgen Abend bei unserem Frauen-Tanz-Fest zu sehen – natürlich im Nachthemd." Sonst nichts. Kein Gruß. Keine Bitte. Kein Druck.

Letitia nahm das Nachthemd. Ging ins Schlafzimmer. Sie betrachte es, dann schlüpfte sie hinein, betrachtete sich. Im Spiegel schenkte sie sich ein Lächeln und ging zurück auf den Balkon. Setzte sich hin. Genoss die Sommernacht. Lauschte der Stille. Entspannte sich.

Im Nachthemd tanzen? Warum nicht.

Das alte Lichtspielhaus

Da stand Petra an der großen Kreuzung mitten in der Stadt, in der sie ihre ersten Jahre verbracht hatte. Längst war ihr hier alles fremd geworden und sie fühlte sich heimatlos wie eine Maus, deren Schlupfloch verschlossen war. Unschlüssig drehte sie den Stadtplan in den Händen, faltete ihn auf und zu, auf und zu. Sie zauderte. Sollte sie wirklich das alte Lichtspielhaus suchen? Was wollte sie dort überhaupt? Es hatte sie hingedrängt, aber jetzt konnte sie nicht mehr sagen, warum. Sie blieb stehen. Ein Hindernis für den Strom der Eiligen. Unbewegt. Sah nicht die Menschen um sich herum, nicht das Stück Himmel über der Betonwüste, nicht den Löwenzahn, der sich durch den Gehweg kämpfte, nicht all die Fahrzeuge, die unablässig an ihr vorbei rauschten. Hörte nicht die verschiedenen Töne und Geräusche, die an und abschwollen wie Wellen bei einem Sturm. Sie stand und überlegte.

Plötzlich ging sie los, als habe sie jemand angeschoben. Passierte große Straßen und kleine Gässchen, ließ mit jedem Schritt weiter die modernen Beton- und Glasfassaden hinter sich, vergewisserte sich durch einen Blick auf den Stadtplan hin und wieder, dass sie auf dem richtigen Weg war. Schneller als gedacht stand sie vor dem alten Lichtspielhaus. Es stach aus der Umgebung heraus, machte sich breit. Sie konnte den früheren Glanz ahnen, trotz der Stellen, an denen der Putz von den Wänden fiel.

Die mit zahllosen Schnitzereien versehene, breite Eichenholztür stand offen, eine Einladung, die Petra noch nicht annehmen wollte. Wie ein Pferd vor einem Hindernis scheute sie – scheute davor zurück, sich gleich mit dem Erbe der Mutter auseinanderzusetzen. „Erst noch einmal durchatmen, überlegen, Mut fassen", dachte Petra und setzte sich gegenüber auf eine schmale Steinmauer.

Sie öffnete ihre Handtasche, steckte den Stadtplan weg und zog das Bündel aus zwei Briefen und einer großen Anzahl unscheinbarer Karten heraus. Sie hatte es gefunden, als sie vor einigen Wochen, nach dem Tod ihrer Mutter, deren Wohnung leer räumte. Es war sorgfältig mit einem Band zusammengebunden und sicher versteckt gewesen. Für die Mutter aber war es offensichtlich voller Bedeutung gewesen, denn Petra sah dem einen Brief an, dass er im Lauf der Jahre oft auf- und wieder zusammengefaltet worden war. Das Papier war abgegriffen und dünn, es hatte winzige Risse und manches konnte sie nicht mehr lesen; die Tinte war verblasst und verlaufen. Tränenspuren? Ohne jeden Zweifel handelte es sich um einen Liebesbrief an ihre Mutter. Von wem er wohl war? Weder war es die Schrift ihres Vaters, noch stimmten die Initialen mit seinen überein. Der unbekannte Schreiber bat die Mutter, ihre Entscheidung zu überdenken, flehte um Liebe, um die Möglichkeit des Zusammenseins, um ein gemeinsames Leben. Als Petra den Brief damals gelesen hatte, war sie erschreckt von seiner Direktheit, von der Wucht der Gefühle, die sie ansprangen wie wilde Hunde, von einem Schmerz, der ihr wie rot glühendes Eisen schien.

Der andere Brief war der Antwortbrief ihrer Mutter, der augenscheinlich nie den Weg gefunden hatte zu dem, der sehnsüchtig auf eine Antwort wartete. Auch er erzählte vom Glück des Liebens, von einer tiefen Zerrissenheit, vom Schmerz der Trennung. Seither wusste Petra, dass ihre Mutter, als sie selbst ungefähr fünf Jahre alt gewesen war, einen Geliebten hatte. Weshalb sie diese Beziehung beendet hatte, erfuhr Petra nicht.

Sie steckte die Briefe zurück und betrachtete die Karten. Es waren Kino-Eintrittskarten aus den 60er Jahren für Filme wie: „Frühstück bei Tiffany", „Manche mögen's heiß", „Ein Pyjama für zwei", „La Dolce Vita", „Wer die Nachtigall stört", „Miss Marple" und viele andere – lauter Klassiker der Filmkunst hatte das Lichtspielhaus damals im Repertoire gehabt. Ihre Mutter hatte sie alle gesehen, viele davon sogar mehrmals. Was hatte sie so oft in dieses Lichtspielhaus gelockt? Waren es die Filme? War es jemand? War es eine Idee?

Als Petra beim Ausräumen das Bündel gefunden hatte, drängte es sie, nach Erklärungen zu suchen. Vielleicht gab es hier im Lichtspielhaus die Antworten auf all das, was sie im Leben ihrer Mutter nie verstanden hatte. Sie beide hatten ein angespanntes, schwieriges, beklemmendes Verhältnis gehabt. Es war geprägt von erdrückender, überfließender, vereinnahmender Liebe der Mutter einerseits und andererseits von Distanz, eisiger Kälte und weggestoßen werden. Solange sich Petra erinnern konnte, war ihre Mutter eine lebendige, überschwängliche, himmelhochjauchzende Frau gewesen. Die Abstürze waren unabwendbar, kamen regelmäßig – einer tiefer als der vorherige. Petra hatte sie nie kommen sehen, war immer wieder überrascht worden, hatte unter den Gefühlsirrungen der Mutter ein Leben lang gelitten.

Während Petra auf der Mauer saß und die Eintrittskarten in ihren Händen hielt, kamen die frühen Erinnerungen zurück. Erinnerungen, denen sie sich im Moment nicht stellen wollte. Sie stand auf. Ging über die Straße. Trat durch die offene Tür ein. Lief zum großen Saal, dessen Tür die Putzfrau nicht geschlossen hatte. Der Boden war noch feucht und es roch nach Putzmittel. Sie fühlte sich blitzartig wie in einer anderen Welt. Rote Plüschsessel, schäbiger Chic einer anderen Zeit; Messingleuchter, dunkles Holz, das im Licht der Kandelaber wie poliert leuchtete, in der Mitte der Stuckdecke ein großer Kronleuchter – all das erschien ihr unwirklich. „Kitsch", durchfuhr es sie und gleich darauf „wie wunderbar!" Sie setzte sich auf einen Sessel, ließ sich ins Weiche sinken, schloss die Augen.

Das Bündel, das sie noch immer in der Hand hielt, schuf eine Verbindung zu ihrer Mutter. Sie sah sie im Sessel sitzen, den Blick auf die Leinwand gerichtet, versunken in einer Geschichte. Einer Geschichte, die ihre war und doch nicht. Einer Geschichte, die sie wollte und doch nicht. Einer Geschichte, die gab und die nahm.

Etwas löste sich tief in Petras Bauch. Stieg auf. Breitete sich aus wie ein Feuer im trockenen Gras. Brannte den Groll weg. Kühlte die heiße Wut. Löschte den Zorn aus. Zurück blieben Wärme und Verständnis für ihre Mutter, ihre Wünsche, ihre Träume, ihre Sehnsüchte. Verständnis für ihre Trauer, für den Schmerz des Ungelebten, für ihr Unvermögen, für ihr gefangen sein. Niemals hatte sich Petra der Mutter ähnlich nahe gefühlt wie in diesem Moment. Sie schlug die Augen auf, schaute auf das Bündel in ihrer Hand, schickte der Mutter einen stummen Gruß.

Dann kamen die Tränen. Endlich. Leise und warm wie ein Sommerregen, der reinigt.

Die Lebensfeier

Als Manuela nach langer Krankheit endlich wieder gesund war, lud sie all die Menschen zu sich ein, die sie in der langen, anstrengenden, schweren Zeit der Krankheit unterstützt hatten. Sie wollte ein Danke-Fest feiern, ein Freundschaftsfest, ein Lebensfest. Manuela hatte sich gut vorbereitet. Sie hatte tagelang Kochbücher gewälzt, Ablaufpläne erstellt, geputzt, gebastelt, dekoriert, kleine Geschenke angefertigt. Nun endlich war es so weit. Jeden Moment konnten die Gäste kommen.

Manuela ließ ein letztes Mal ihren Blick prüfend durch den Raum und über den Tisch wandern. Der Raum war großzügig geschnitten; helle Möbel aus Ahorn und zartgelbe Chiffonschals an Fenstern und Terrassentür gaben ihm etwas Leichtes. Eine große Fläche war freigeräumt worden – dort wollte Manuela ihre Gäste später zum Tanzen einladen. Der Tisch war in den Farben Weiß, rot und gelb dekoriert und nahm damit die Farbelemente des Raumes auf. Breite rote Schleifen aus Organza hingen an den Rücklehnen der Stühle. Die weiße Tischdecke glänzte und auf weißen Tellern lagen Schmetterlinge, die aus weichen, gelben Stoffservietten gefaltet waren. Weiße Kerzen in schlichten weißen Haltern warfen ihr Licht über den Tisch und ließen schimmernde Glassteine aufblitzen. Rote Papierherzen, selbst gebastelt und mit feinen Mustern verziert, lagen auf allen Tellern. In dickbauchigen Rotweingläsern schwammen Rosenblüten in Weiß, rot oder gelb. Sie verbreiteten einen bezaubernden, schweren Duft. Auf kleinen runden Spiegelfliesen lagen liebevoll verpackte Geschenke, die gleichzeitig als Namenskärtchen dienten. Die Getränke waren kaltgestellt; das Essen war auf einem großen Büffettisch aufgebaut. Es fehlte an nichts – von verschiedenen Vorspeisen bis hin zu ausgesuchten Desserts und Käse war alles vorhanden. Im Hintergrund sang Norah Jones.

Als es an der Tür läutete, strich sich Manuela ein letztes Mal übers Haar. Dann öffnete sie und ließ all ihre Freunde miteinander ein. Die Begrüßung war gefühlvoll, laut und herzlich. Schon bald klangen heiteres Gelächter und erfreutes Gemurmel durch die geöffnete Terrassentüre ins Freie. Alle suchten sich ihre Plätze, nahmen ihre Teller und bedienten sich am riesigen Büffet. Es wurde erzählt, gelacht, gegessen und getrunken.

Nachdem der abschließende Kaffee gereicht war, stand Manuela auf. Sie schob sich die braun-goldene Brille nach oben, steckte die Hände in die Rocktasche und zog sie wieder heraus, strich sich eine ihrer dunkelblonden langen Locken hinters Ohr. Dann holte sie tief Luft und fing an zu reden.

„Meine Lieben", begann sie, „ihr seid für mich zu ganz besonders wichtigen Menschen geworden. Deshalb habe ich euch heute zu mir eingeladen. Dieses Fest soll ein Dank sein an euch. Mir ist sehr bewusst, dass ich im Moment nicht zurückgeben kann, was ich alles von euch bekommen habe – und ich weiß auch, dass ihr das gar nicht erwartet. Gleichwohl möchte ich euch heute auch etwas schenken; eine Kleinigkeit, die von Herzen kommt, die noch unfertig ist. Vielleicht können wir miteinander an der Fertigstellung arbeiten. Für jede und jeden habe ich eine kleine Schatztruhe vorbereitet. Sie ist dazu da, gute

Erinnerungen zu sammeln. Erinnerungen an Heiteres, an das Lachen, an positive Erfahrungen, an hilfreiche Begegnungen, an Freundschaft, die weiterhilft, an Umarmungen, an kreative Ideen und so weiter. In meiner Schatzkiste ist bereits vieles verwahrt."

Manuela griff ins Bücherregal. Sie zog ihre Schatzkiste hervor. Sie leuchtete in unterschiedlichen Türkis- und Blautönen. Silberne Sterne und Perlen schimmerten im Kerzenlicht. Manuela öffnete sie, dann stellte sie die Schatzkiste vor sich auf den Tisch. „Meine Kiste ist schon gut gefüllt. Ich habe für jede gute Erinnerung eine Perle in die Kiste gelegt. Und all diese Perlen verbinden uns miteinander, denn sie haben fast alle mit euch zu tun. Ich kann euch gar nicht sagen, wie sehr ihr mir geholfen hat. Ihr wart ohne jede Einschränkung für mich da. Ihr habt mir Kraft geschenkt, wenn ich keine mehr hatte. Ihr habt mich zum Lachen gebracht, wenn ich traurig war und Angst hatte. Ihr habt mir Mut gemacht, wenn ich nicht mehr weiter wusste. Ihr habt mich ertragen, wenn ich wütend war, mürrisch, voller Ärger. Ihr habt mir von eurem Leben erzählt – von all den kleinen und großen Dingen, von Bedeutendem und Unbedeutendem. Ihr habt mir das Gefühl gegeben, dazuzugehören. Ihr habt mich teilhaben lassen am Leben, an dem ich nicht teilnehmen konnte. Ihr habt mir von euren Spaziergängen oder Wanderungen Blumen und viele Steine, Nüsse und bunte Blätter mitgebracht – nichts Besonderes, aber für mich wichtige Zeichen des Lebens. Ihr habt mich weinen lassen, wenn ich nicht anders konnte. Ihr habt mich in den Arm genommen und gehalten. Ihr habt mit mir schlaflose Nächte durchlebt. Ihr habt mit mir geschwiegen. Ihr habt mir zugehört. Das alles hat mir geholfen. Ich hatte Zeit zum Nachdenken –

darüber, was wichtig und unwichtig ist, was ich will und was ich nicht mehr will. Für all das sind die Perlen in meiner Schatzkiste ein Symbol." Manuela holte Luft, dann sprach sie weiter: „Jetzt bin ich gesund und kann weiter leben. Ich habe mir vorgenommen, gelassener zu leben, mehr zu lachen, mehr zu feiern, der Freude mehr Raum zu geben, die kleinen Dinge des Lebens zu schätzen. Ich werde mir Zeit nehmen zum Schauen, zum Hören, für den Moment – das habe ich mir fest vorgenommen. Am liebsten will ich das mit euch zusammen tun, damit wir uns gegenseitig bestärken und stützen können." Manuela wischte sich unauffällig über die Augen und schwieg.

Eine Zeitlang blieb es ganz still im Zimmer. Jede und jeder ließ die letzten Monate nochmal an sich vorüberziehen. Alle konnten die Anstrengung der zurückliegenden Monate spüren. Bevor die Betroffenheit überhandnehmen konnte, griff Manuela hinter sich und sagte: „Ich habe mit dem Sammeln von guten Erinnerungen bereits anzufangen. Heute will ich euch ebenfalls dazu einladen". Unter einer roten Wolldecke zog sie einen Korb hervor. Aus ihm holte sie eine Unzahl an Tüchern in allen Regenbogenfarben. Alte Röcke, Hosen und Blusen – bunt, einfarbig, bestickt oder scheußlich gemustert, fanden einen Platz auf dem Boden. Braune und schwarze Herrenhüte folgten, dann kamen Damenhütchen mit neckischen Schleiern, Glitzer und Flitter, Federn und kleinen und großen Blüten. Kitschige Broschen, lange zweireihige Perlenketten, Silber- und Messingschmuck, Ohrgehänge mit farbigen Glassteinen, Lederbänder, Gürtel mit protzigen Schnallen und Schminkstifte wanderten aus dem Korb.

„Bedient euch“, sagte Manuela. „Ich habe mir überlegt, dass wir uns verkleiden, in verschiedene Rollen schlüpfen, Wettspiele machen, tanzen, Freude und Begeisterung zeigen und heute Abend das Leben genießen.“

Wie Kinder fielen die Gäste über den Korb her. Da wurde gezogen und gezerrt, gesammelt und verworfen, sich verkleidet und sich gemustert, geschminkt und angemalt. Als alle fertig waren, machte Manuela ein Gruppenfoto, das alle Gäste als Erinnerung bekommen sollten. Bis in die frühen Morgenstunden wurde gelacht und getanzt, gespielt und erzählt und mit dem rauschenden Fest das wiedergewonnene Leben gefeiert.

Der Schatz

Eines Morgens, nachdem sie gefrühstückt hat und in ihre <Waldspaziergangs-Hosen> geschlüpft ist, verlässt Clara ihr Haus. Es ist die Zeit, in der es nicht mehr Nacht und noch nicht Tag ist. Wie ein duftiger Brautschleier liegt Dunst über den braunen, brachliegenden Feldern und dem nahen Wald. Tautropfen hängen in Spinnennetzen, auf mattgrünen Gräsern und in müden Grasbüscheln. Clara nimmt die Atmosphäre wahr, aber nicht in sich auf.

Während ihre Füße dem bekannten Kiesweg zum Wald schnurgerade folgen, eilen ihre Gedanken in kopflosem Zickzack hin und her. Traumfetzen der vergangenen Nacht tauchen auf und verschwinden in rascher Folge. Sie kann sie nicht greifen, nicht festhalten. Dabei taucht ein Bild immer wieder auf – das Bild eines kleinen Mädchens. Sie kennt es aus ihrem Fotoalbum. Sie sieht die zu „Affenschaukeln“ geflochtenen Zöpfe bei jedem Schritt auf und ab hüpfen. Sieht rutschende Strümpfe, aufgeschlagene Knie, einen Rock und einen Pullover. Eine Schürze mit Rüschen am Saum und den Trägern vervollständigt das Bild. Clara erinnert sich gut an den Tag, als das Bild fotografiert wurde. Sie weiß noch, dass Rock und Pullover blau waren und die Schürze Feuerwehrrot. Im Traum aber trägt das Mädchen, anders als auf dem Foto, eine Kiste unter dem rechten Arm. Die Kiste ist aus verwittertem, dunklem Holz. Ein dickes, rotes Gummiband hält sie zusammen und ein kleines Vorhängeschloss ist an

der kupferfarbenen Schließe befestigt. „Komisch“, denkt Clara, „so eine Kiste habe ich noch nie gesehen!“
Vor lauter Nachdenken merkt Clara gar nicht, wie weit sie schon gelaufen ist. Sie steht mitten auf einer kleinen Lichtung. Es ist ihr Lieblingsplatz im Wald und Ziel ihrer täglichen Spaziergänge. Geistesabwesend lässt Clara sich auf die rote Bank unter einer alten, mächtigen Linde fallen. Sie lehnt sich zurück. Den Kopf am Stamm angelegt. Sie schließt die Augen. Die Gedanken trudeln langsam aus, kommen zur Ruhe. Clara seufzt laut. „Gott sei Dank“, sagt sie dann zur Linde, „ich dachte schon, das Gedankenkarussell dreht sich den ganzen Tag!“ Clara ist still. Atmet die kühle Luft. Spürt, wie der Wind flüsternd ihre Haare streift wie ein zarter Kuss.

Plötzlich hört sie eine Stimme. Zart. Fast wie Großmutters silbernes Weihnachtsglöckchen. „Steh auf und such die Kiste!“, drängt die Stimme sie. Clara blickt sich um. „Niemand ist zu sehen“, denkt sie laut und schüttelt den Kopf.
„Du musst mich nicht sehen, um zu tun, was ich dir sage!“, antwortet ihr die Stimme.
„Muss ich wohl“, gibt Clara zurück. „Woher sonst soll ich wissen, ob ich dir vertrauen kann?“ Es kichert. Das Kichern tanzt um Clara herum, steigt hoch und purzelt wieder nach unten. „Vertrauen, liebe Clara, Vertrauen hat nichts mit sehen zu tun. Vertrauen kommt aus dem Herzen. Also, wie sieht es aus: Vertraust du mir jetzt?“
Wieder schaut Clara sich um. Sieht nichts. Hört nur ein gedämpftes rascheln. Langsam steht sie auf. Geht über die Lichtung. Sucht halbherzig nach der Kiste. Wieder hört sie es kichern. „So wird das

Nichts; ein bisschen mehr Einsatz, wenn ich bitten darf", klingt es um Clara herum.
Clara ergibt sich. Sie schaut unter die Bank. Blickt zwischen große und kleine Bäume. Lugt zwischen das Wurzelwerk einer uralten Eiche. Spickt hinter den gewaltigen, eisgrauen Findling. Wirft einen Blick in den Papierkorb. Nichts. Gar nichts.

Ein Eichhörnchen flitzt am Stamm der hohen Birke direkt neben Clara herunter. Setzt sich vor sie hin. Stellt sich auf die Hinterpfoten. Schaut sie mit munteren, braunschwarzen Augen an. „Mach schon, Clara", tuschelt es ihr zu.
„Jetzt auch noch ein Eichhörnchen, das mit mir spricht", schießt es Clara durch den Kopf. Aber gut. Sie stöhnt laut auf. Dann verdoppelt sie ihre Anstrengung. Sie steigt die Leiter des Hochsitzes nach oben und wieder hinunter. Schaut hinter das zum Abholen aufgeschichtete Holz. Sieht unter einem Reisighaufen nach. Noch immer nichts.
Da spürt Clara etwas an ihrem linken Knöchel. Das Eichhörnchen zieht am Saum ihrer abgewetzten Feincordhose. „Los kommt mit", flüstert es. Gespannt folgt Clara ihm. Kommt zu einem Maulwurfshügel. Will weiter gehen. Weiter suchen. Das Eichhörnchen flitzt auf den Hügel. Bleibt dort sitzen. Sieht Clara andauernd an.

Clara geht zum Maulwurfshaufen. Sieht ihn sich genauer an. Entdeckt, dass das ein von Menschenhand aufgeworfener Hügel ist. Ziemlich frisch noch. Die Erde ist ganz lose. Clara bückt sich. Wühlt mit bloßen Händen im Hügel. Räumt die Erde weg. Wirft sie neben sich. Gräbt tiefer. Bald schon spürt sie etwas Hartes. Sie buddelt weiter. Schneller. Tiefer. Macht das Loch größer. Da. Da ist sie. Die Schatzkiste aus ihrem Traum. Sie holt sie aus der Erde, wischt sie mit den Händen ab. Das Schloss lässt sich nicht öffnen. Keine Bewegung. Clara dreht sich nach dem Eichhörnchen um. „Kannst du mir auch zeigen, wo der Schlüssel ist?“, fragt sie aufgeregt. Das Eichhörnchen rennt vor ihr her. Führt sie zurück zur roten Bank. Die Kiste wiegt schwer in ihrem Arm. Das Eichhörnchen verschwindet unter der Bank. Clara bückt sich. Fährt mit der Hand unten an der Bank lang. Sorgfältig berührt sie jeden Zentimeter der Bank. Da, ganz links hinten, spürt sie etwas. „Ah“, murmelt sie, „Da bist du ja! Na dann komm, verrate mir dein Geheimnis, Schatzkiste!“

Clara steckt den Schlüssel ins Schloss. Dreht ihn nach rechts und nach links. Wieder nach rechts. Mit einem Ächzen springt der Deckel auf. Clara wirft aufgeregt einen Blick hinein. Die Kiste ist bis obenhin gefüllt mit kleinen schwarzen, braunen und schwarz-beige gestreiften Samenkörnern. Schnell fährt sie mit der Hand durch die Kiste. Vielleicht ist unter den Körnen noch etwas versteckt? Fehlanzeige – nichts außer Samenkörnern.

Clara ist enttäuscht. Klappt den Deckel zu. Stellt die Kiste zur Seite. „Wozu denn der ganze Unsinn?“, murrt sie. „Nur für Samen, die ich in jedem Supermarkt kaufen kann? Was soll ich damit nur anfangen?“ Das Eichhörnchen, das sie beobachtet hat, klettert an ihrem Bein hoch. Setzt sich auf ihren Schoß. „Du bist enttäuscht!“, stellt es fest. „Was hast du erwartet?“
„Das weiß ich selbst nicht so genau“, antwortet Clara und fügt nach einem Moment hinzu: „Ein bisschen Besonderer hätte es schon sein können. Schließlich finde ich nicht jeden Tag einen Schatz. Und der

Traum hat irgendwie auch mehr versprochen. Mir war, als ob ich unbedingt diesen Schatz suchen müsste, weil er ein Schlüssel ist. Ein Schlüssel für mein Leben! Ein paar alte Münzen wären schön gewesen. Edelsteine auch. Perlen, Ringe, Halsketten und Armbänder. Eine Schatzkarte. Ein altes, wertvolles Buch. Aber Samen? Die sind doch nichts Besonderes!“

Das Eichhörnchen nickt mit dem Kopf. Es legt behutsam eine Pfote auf Claras Hand. „Doch“, sagt es, „Samen sind etwas ganz Besonderes. Jeder einzelne Same, der in dieser Kiste ist, ist ein Geschenk. Ein Geschenk für dich. Ein Geschenk für andere. Ein Geschenk, das du ihnen machst. Wenn ein Same gepflanzt, versorgt und gepflegt wird, treibt er aus. Aus ihm wachsen Pflanzen. Sie blühen. Verwelken. Entwickeln neue Samen. Es ist ein ewiger Kreislauf von Werden und Vergehen, den du im Samen entdecken kannst. Das Wachsen und Blühen tut den Menschen gut. Es entzückt sie, falls sie sich die Zeit geben, genauer hinzuschauen. Es hilft denen, die das Staunen noch nicht verloren haben. Die sich auch an einer einfachen Blüte freuen können. Auf diese Weise schenken die Samen Zuversicht und Zufriedenheit, Freude und unzählige Glücksmomente. Das ist es, was die Menschen brauchen. Samen und Blüten und Freude, Hoffnung, Zufriedenheit – und Worte, wenn ich es mir recht überlege. Auch Worte können wie Samen sein. Manchmal hilft ein wohltuendes Wort, das du zu einer anderen sagst und sie nimmt es auf. Vergisst es nicht. Bewahrt es in ihrem Herzen und bedenkt es wieder und wieder. Wie der Same schlägt es dann Wurzeln, treibt aus, wird größer. Es macht Mut, stärkt das Vertrauen, festigt das Miteinander, macht das Leben reicher“. Das Eichhörnchen schaut Clara noch einmal an. „Freu dich an deinem Schatz, Clara und mach was daraus. Du hast damit eine große Aufgabe bekommen.“ Dann dreht es sich um, hüpft von Claras Schoss und verschwindet in der Linde.

„Besser hätte ich es nicht sagen können“, ertönt da auf einmal wieder die zarte Stimme, die Clara vorhin schon gehört hat. Wieder schaut Clara sich um. Sieht nichts. Sie schüttelt den Kopf, sagt „macht nichts“, klemmt sich die Schatzkiste unter den rechten Arm und macht sich beschwingt und mit leuchtenden Augen auf den Rückweg nach Hause.

Zu früh

Der Kalender zeigt noch Winter. Es ist zu warm für die Jahreszeit, aber zu kalt für einen beginnenden Frühling. Ein Merkwürdiges dazwischen. Schier endlos die lange Reihe grauer, trüber, nebelschwerer, schneeloser Tage. Eliza fehlt es an Licht. Licht, das Zuversicht schenkt. Licht, das die Tage leichter macht. Licht, das die Dinge anders erscheinen lässt. Licht, das ihr wohl tut. Licht gegen die Düsterheit, die gern bei ihr heimisch wäre.

Nun endlich Sonne. Helle Strahlen werfen Wärme in den kalten Tag. Fallen auf nackte Bäume, auf darbe Wiesen, auf leblose Böden. Eliza geht hinaus, spaziert durch den bleiernen Wintertag. Geht ziellos. Sie will sich bewegen. Draußen. In der Sonne. Es ist, als ob die Sonnenstrahlen Eliza langsam auftauen würden. Nach einer Weile beginnt sie, ihre Umgebung genauer wahrzunehmen. Hie und da sieht sie eine vorwitzige Knospe ihre Nase aus ihrem Traumbettchen herausstrecken. Bei einer bleibt sie stehen. Sie ist schon besonders weit und plustert sich auf, als wolle sie sagen, „Siehst du, da bin ich schon!"

Eliza fühlt sich seltsam von ihr angelockt. Sie zieht die Fäustlinge aus, streicht ganz behutsam mit der Fingerspitze über die Knospe und sagt: „Noch nicht, kleines Streberchen. Du bist viel zu früh. Bleib lieber da, wo du bist." Gedankenvoll mustert sie sie. Sie will gerade weiter gehen, da hört sie plötzlich eine zarte Stimme sagen: „Nein, ich will nicht. Ich will endlich wissen, was es da draußen alles zu entdecken gibt. Ich bin schon so neugierig, dass ich es kaum mehr erwarten kann. Alles in mir drängt hinaus."

Eliza hört zu. Gebannt. Kann es kaum fassen. Zweifelt an sich. Dann aber gibt sie sich einen Ruck. „Ach, Knöpfchen, ich verstehe dich schon. Aber du wirst erfrieren, wenn der Winter wiederkommt und mit klirrender Kälte die Welt erstarren lässt. Und dann? Bleib lieber, wo du bist und warte ab."

Die Knospe schweigt. Nachdenklich wiegt sie sich hin und her. Wiegt sich im kaum spürbaren Wind, wie Blumen an einem lauen Sommerabend. Kein Laut ist zu hören. Eliza streichelt die Knospe freundlich. Wartet.

Es dauert eine Weile, dann antwortet die Knospe. „Wie stellst du dir das vor?", fragt sie. „Ich bin gewachsen, voller und voller geworden, habe mich vorbereitet und jetzt soll ich plötzlich stecken bleiben, wo ich bin? Das will ich nicht."

Eliza schluckt. Fühlt mit ihr mit. Überlegt. Lange. Weiß zuerst nicht, was sie sagen soll. Dann endlich erwidert sie: „Ich verstehe dich, Knöpfchen. Vielleicht besser als du glaubst. Weißt du, manchmal sind meine Neugierde und meine Lust so groß, dass ich vor lauter Ungeduld fast platze. Dann will ich nur, dass jetzt sofort etwas Neues, Anderes kommt. Dass ich nicht mehr warten muss. Dass ich heraustreten kann aus dem alten Sog. Aber glaub mir, ich habe gelernt, dass es sich lohnt, die Dinge zu überdenken. Dass es sich lohnt zu warten. Dass nicht alles sofort sein muss! Damit fahre ich im Allgemeinen besser. Schließlich gibt es für alles den richtigen Zeitpunkt. Und es ist wichtig, den zu erkennen und erst dann zu handeln."

Wieder entsteht ein ausgiebiges Schweigen. Eliza glaubt schon, dass keine Antwort mehr kommt und will sich gerade abwenden, da sieht und hört sie, wie das Knöspchen sich ihr zuneigt und zu reden beginnt. „Ach, Eliza, du hast ja recht. Wie sagt ihr: <Alles hat seine Zeit?> Das stimmt natürlich. Und doch: Ist das schon das ganze Leben? Hast du noch nie etwas verpasst, weil du auf den perfekten Moment gewartet hast? Gehört nicht auch ein bisschen Risiko zum Leben, um seinen Wünschen und Träumen näherzukommen?“ Sie schweigt. Dann spricht sie weiter: „Ich werde jetzt die Welt entdecken. Wie lange das dauert? Keine Ahnung. Aber ich bin froh, es zu dürfen.“

Eliza steht stumm da. Lang schaut sie die Knospe an. Sieht sie. Sieht sich. Dann zieht sie die Fäustlinge an und geht.

Wie sich die Sonne anfühlt

Samstags in der Fußgängerzone. Ein frühlingslauer Tag. Der erste Sonnentag nach zwei Wochen Dauerniesel, grau, feucht, kalt. Jetzt durchatmen, aufatmen wie befreit. Wie magnetisch von der Sonne angezogen, eilen die Menschen nach draußen. Frauen, Männer, Kinder, Alte und Junge, miteinander, durcheinander, allein. Endlich Wärme, endlich Helligkeit, endlich. Quirliges Treiben, Ströme von Menschen, Lachen, Erwartung – in der Luft liegt Leichtigkeit, einladend, heiter. Alles ist voll, dicht gedrängt. In den Straßencafés sind die Stühle belegt. Auf der Suche nach Erholung die einen, müde vom geschäftigen Hin und Her. Die anderen müßig; sie genießen die Sonne, das Nichtstun. Stimmen, hohe und tiefe, Vogelgezwitscher, Musik, Rufe, Fahrradklingeln – all das vereinigt sich zu einem Klangteppich, der über den Köpfen schwebt, die Menschen einhüllt.

Dazwischen, seltsam unberührt von der Umgebung, zwei Menschen. Ein junger Mann und ein kleines Mädchen. Beide für sich, wie in einem schützenden Kokon. Der junge Mann hat einen Stock in der Hand, mit dem er langsam und bedächtig die Flächen vor sich abtastet, um dann sicher Schritt für Schritt zu setzen. Er ist allein, beschäftigt, kommt wegen der Menschenmassen nur langsam voran. Das kleine Mädchen, sie mag etwa 5 Jahre alt sein, spielt; ist im Spiel versunken. Sie hat die Erlaubnis ihrer Oma, sich in Sichtweite aufzuhalten. Erst hat sie mit Kieseln gespielt – Muster gelegt und wieder verworfen. Dann sang sie vor sich hin und hüpfte den Takt zu ihrem Lied. Nun betrachtet sie das Geschehen um sich herum. Der junge Mann mit dem Stock fesselt ihre Aufmerksamkeit. Sie sieht ihm zu. Verwirrt. Das hat sie vorher noch nie gesehen. "Was tut er da?" Sie sieht, wie er hier anstößt und dort, wie er stehen bleibt, tastet, weitergeht, seinen Weg durch die Massen hindurch findet. Längst ist sie ganz ruhig geworden, ist nur noch Schauen, bloßes Staunen.

Plötzlich dringt etwas durch ihren Kokon, reißt sie aus ihrer Konzentration. Zunächst weiß sie gar nicht, wohin sie schauen soll – dann fällt ihr Blick auf zwei Jungs. Älter, deutlich älter als sie und um vieles größer. Sie rennen; jagen sich um Bäume, Menschen, Tische, haben Spaß. Sie sind ebenfalls versunken ins Tun – kein Auge für andere, anderes. Die Kleine erstarrt vor Schreck, weiß nicht warum, spürt nur Gefahr. Instinktiv sucht sie nach dem jungen Mann. "Wo ist er, wo"? Sie sieht ihn nicht, fahndet weiter. Dahinten, da ist der Stock. Jetzt hat sie ihn wieder. Schaut ihn an, schaut ihm zu.

Im selben Moment rennt einer der Jungs von hinten in den Mann hinein. Er schreit, fällt, fällt, schlägt auf. Die Kleine beobachtet es, sieht ihn fallen, hört ihn aufschlagen. Rennt los.
„Nein", schreit sie. Stille. Kein Gedanke mehr an die Oma oder dass sie in Sichtweite bleiben soll. Hin zu ihm, der sich doch sicher wehgetan hat. Völlig außer Atem ist sie, als sie bei ihm ankommt. „Hast du dir wehgetan", fragt sie und streckt die Hand aus, um ihm über den Kopf zu streichen, wie es ihre Mama tut, wenn sie sich wehgetan hat.

Er hört die helle, junge Stimme, nimmt die tröstende Berührung wahr. Langsam dreht er sich auf den Rücken, dann setzt er sich auf. Sucht nach Halt, findet ihn an einer Hauswand, lehnt sich an. Dreht den Kopf, sucht. „Wo bist du, Kleine”?, fragt er.

„Da bin ich doch“, sagt sie und schaut ihm mitten ins Gesicht. „Siehst du mich denn nicht?“ Verwundert schüttelt sie den Kopf. Zögernd kommt die Antwort: „Nein, ich sehe dich nicht. Ich sehe gar nichts!“

Vergessen ist der Sturz, unwichtig die Frage nach dem Schmerz, belanglos das Blut im Gesicht und an der rechten Hand. Die Kleine hört nur noch sein <ich sehe gar nichts>. Immer wieder <ich sehe nichts, ich sehe nichts.> Sie lässt sich neben ihm nieder. „Du siehst wirklich gar nichts“, fragt sie; ungläubig, erstaunt.

„Nein, gar nichts!“, antwortet er.

Es entsteht eine lange Pause. Er schweigt, lässt der Kleinen Zeit, hört an ihrem Atem, dass sie da ist. Ganz leise kommt die Stimme der Kleinen: „Ich kann alles sehen. Soll ich dir erzählen, was ich sehe?“ Und dann schildert sie die gelbe Sonne und den blauen Himmel mit den weißen Wölkchen. Sie spricht von Vögeln, die herumfliegen, von den vielen Menschen und von dem, was sie tun. Sie erzählt von Bäumen, die knospen, von ersten Frühlingsblumen, von den Kieseln, mit denen sie gespielt hat, von den Männern, die ihre Instrumente ausgepackt haben und musizieren. Er hört zu – aufmerksam, ganz im Augenblick. Mit der Kleinen zusammen wie auf einer einsamen Insel, nur sie beide, inmitten all des Gedränges. Unantastbar, eine kleine Einheit, miteinander verbunden.

Dann sagt er bedächtig: „Du hast mir von so vielen Dingen erzählt. Manches kann ich hören – die Musik, die Vögel, das Gelächter. Ich kann auch das Gedränge spüren und ich fühle Leichtigkeit. Aber kannst du mir sagen, wie sich die gelbe Sonne und der blaue Himmel, die Kiesel und die knospenden Bäume anfühlen?"

Lang denkt die Kleine nach, dann nimmt sie seine Hände und zeichnet mit ihnen einen großen Kreis. „Das ist die Sonne", erklärt sie ihm, „und wenn ich sie ansehe, muss ich blinzeln und die Augen schließen, weil sie blendet. Und gelb, gelb das ist warm. So warm, wie wenn du deine Hände fest aneinander reibst. Mach mal", fordert sie ihn auf. „Der blaue Himmel, der ist weit und hoch" – sie nimmt seine Hände erst weit auseinander und streckt sie dann nach oben – „und mit seinen kleinen weißen Wolken ist er wie ein weiches Bett." Sie schaut ihn an, holt tief Luft, redet weiter. „Die Knospen an den Bäumen, da sind viele zu, aber manche schon ein Stück auf und ich kann grün sehen." Sie legt seine Hände übereinander, die Daumen sind überkreuzt, dann lässt sie ihn die Hände schnell öffnen. „Die Knospe platzt auf und das Grün schaut heraus. Grün ist wie, wie – wie ein frischer Wind, der dir an einem heißen Tag kühl ins Gesicht bläst." Wieder eine Pause, länger dieses Mal. Er spürt, etwas ist anders. Noch ehe er genau sagen kann, was sich verändert hat, ist wieder alles beim Alten. Die Kleine ist zurück, bringt ihm von den Kieseln, mit denen sie gespielt hat. Sie drückt ihm einen in jede Hand und sagt: „Die kannst du selbst spüren – und du darfst sie behalten, dann kannst du sie wieder spüren, wenn du magst."

Ein langes Schweigen folgt. Er ringt um Fassung, hat einen Kloß im Hals, kann kaum sprechen. Eine Mischung aus Freude und Dankbarkeit, Rührung und Verletzlichkeit breitet sich in ihm aus. Lang schon hat er so etwas nicht mehr gespürt. Dieses unverkrampfte Miteinander begegnet ihm selten. Er weiß, diese Begegnung wird er nicht vergessen. Die Kleine hockt neben ihm, schaut ihn unverwandt an, ist ganz ruhig. Nimmt wahr, wie bewegt er ist.

Weder er noch sie haben bemerkt, dass sie nicht mehr allein sind. Schon seit geraumer Zeit stehen einige Menschen um sie herum, haben mit angehört, was sie gesprochen haben. Keiner bewegt sich, niemand sagt etwas – bloß diesen dichten Moment nicht zerstören. Alle sind sie angerührt. Ihr Tag bekommt eine andere Färbung, einen anderen Klang. Das Schweigen fesselt sie aneinander, für einen Augenblick entsteht zwischen diesen Fremden eine Gemeinschaft: Das Wissen, Beschenkte zu sein.

Über die Autorin

Judith Manok-Grundler lebt am Bodensee. Sie ist verheiratet, hat drei erwachsene Kinder, Enkelkinder und arbeitet unter anderem in eigener Praxis als Individualpsychologische Beraterin.

Seit 1989 ist sie in der Frauen(Bildungs)Arbeit tätig. U.a. leitet sie eine Frauengruppe im Rahmen der kfd und hält Seminare und Weiterbildungen in eigener Praxis und bei unterschiedlichen Bildungsträgern.

Seit 1995 schreibt sie Gedichte und Geschichten; ihr Schreiben vertiefte sie in den Präsenzkursen „Poesiepädagogik" und „Autobiografisches Schreiben und Poetische Selbstanalyse" des IKS Berlin, die sie mit Erfolg abschloss.

Heute bietet sie diverse Schreibwerkstätten an und schreibt einen Blog.

www.mutigerleben.wordpress.com